Bonjour, je m'appelle Adriana. Je suis un aye-aye, un petit lémurien avec des oreilles de chauve-souris. J'ai aussi une queue d'écureuil et une main avec un troisième doigt très long, vraiment utile pour attraper les larves !

ISBN 978-2-7011-4852-6

Loi 49-956 du 16 juillet 1949 sur les publications destinées à la jeunesse

Imprimé en France par Mame à Tours – N° d'imprimeur : 08092235
N° d'édition : 004852-01 – Dépôt légal : octobre 2008

Ouvrage réalisé sur papier recyclé par un imprimeur labellisé Imprim'Vert.

ADRIANA

l'aye-aye complètement comique

Sandra Nelson
Émilie Provost

Belin
www.editions-belin.com

Adriana, l'aye-aye, vivait dans un cirque. Sa mère était trapéziste et son père, équilibriste. Et pourtant, Adriana refusait obstinément de voltiger, même au dessus d'un filet.

– J'ai le vertige, disait-elle.

Adriana adorait les blagues et les gaffes, les farces et attrapes. Elle collectionnait les faux nez et les perruques colorées.

Un jour, Adriana déclara :
– Dans ce cirque, les artistes sont trop tristes !
Elle décida de changer cela. Sous le chapiteau, Jojo le jongleur faisait tournoyer six balles rouges avec brio.
– Que penses-tu de mon doigté ? interrogea Jojo.

– Un peu trop crispé, répondit Adriana. Tu devrais jongler avec des crapauds domptés, deux ou trois poulets et du poil à gratter. Ajoute aussi un cornet glacé et une bouteille de lait, car c'est l'heure de mon goûter.
Et Jojo jongla tout en se grattant le bout des doigts.

gratter

Satisfaite du résultat, Adriana se rendit sur la piste où Gégé l'écuyer s'entraînait. Debout sur son cheval qui galopait, Gégé faisait des roulés-boulés :

– Tu as vu quel cavalier je fais ? lança fièrement Gégé.

– Tes sauts sont ennuyeux à souhait, décréta Adriana.
Tu devrais danser le mambo tout en exécutant des sauts, déguisé en Zorro.
Et Gégé se mit à danser tout en criant :
– Je suis le cavalier masqué !

Enthousiasmée, Adriana se rendit dans les coulisses
écouter Titine la trompettiste.
– Tu aimes ma belle
musique ? demanda Titine.

– Elle est vraiment sinistre, constata Adriana. Tu devrais chanter de l'opérette en jouant des castagnettes. Avec une perruque sur la tête, tu serais parfaite.
Et Titine, tout en chantant, enfila une robe à volants qui lui allait comme un gant.

Adriana entendit soudain un grognement. C'était le lion du cirque qui baillait bruyamment.

– Regarde mon beau lion, lui dit fièrement Dany le dompteur.

– Ton beau lion pique un petit roupillon, observa Adriana.
Tu devrais le chatouiller pour qu'il ait l'air plus gai !

Dany gratta le lion derrière sa crinière et sous ses pattes de derrière. Terriblement chatouilleux, le lion de Dany rugit d'un rire à n'en plus finir.
– Comme ce lion est hilarant ! dit Adriana.

– Toi qui aimes tant t'amuser, regarde moi bien !
lui dit Dodo le clown. Et il s'assit, à califourchon, sur un ballon.
– Quelle consternation, se désola Adriana.
Tu devrais remplir ton ballon avec de la chantilly et
des cerises moisies.

Et Dodo lança très haut le ballon
qui explosa tout droit sur son crâne
dégarni.
– Je n'ai jamais autant ri de toute
ma vie ! s'exclama Adriana.

Alors, Adriana enfila une salopette et une longue paire de chaussettes. Elle se fit deux petites houppettes et exécuta une pirouette :

– Je suis prête !

Et depuis ce jour-là, Adriana fait chaque soir des numéros épatants qu'adorent les enfants.

L'aye-aye est classé dans la liste rouge des espèces menacées de l'Union mondiale pour la nature.